陳福成著

文學叢刊

光陰考古學

——失落圖像考古現代詩集

文史哲出版社印行

國家圖書館出版品預行編目資料

光陰考古學：失落圖像考古現代詩集
/ 陳福成著. -- 初版. --臺北市：
文史哲, 民 107.08
頁： 公分.（文學叢刊；395）
ISBN 978-986-314-432-8 (平裝)

851.486 107013677

文學叢刊 395

光陰考古學

失落圖像考古現代詩集

著者：陳福成
出版者：文史哲出版社
http://www.lapen.com.tw
登記證字號：行政院新聞局版臺業字五三三七號
發行人：彭正雄
發行所：文史哲出版社
印刷者：文史哲出版社
臺北市羅斯福路一段七十二巷四號
郵政劃撥帳號：一六一八〇一七五
電話 886-2-23511028 · 傳真 886-2-23965656
實價新臺幣四六〇元

二〇一八年（民一〇七）八月初版

著財權所有 · 侵權者必究

ISBN 978-986-314-432-2 09395

序詩一：失落圖像考古學

住在我書的圖像們
你們大多已失落了千百年
從人們的記憶中流失
流向一個失落的世界
從此與人類絕緣
躺在歷史的棺具裡
成為一塊塊化石

老夫年輕時喜歡探索
在失落的世界悠遊
凡是被人遺棄的
從人們記憶流失的
已經躺下成為化石的
被人視為廢物的

都是我的最愛
是我的寶貝、愛人
我都挖掘、蒐集、帶回
藏於金屋
讓她們
過著幸福美滿的日子

你們伴我度過快樂的生活
我時而凝視你們的氣質
撫摸妳們的容顏
閱讀你們的悲歡離合
感同身受你們的快樂、痛苦
乃至曾經有過的天災人禍
那是你們的傳奇故事
是我們的因緣
你們從光陰裡醒來
從地底層重現光明
也給我上了一堂考古學課
讓我可以充分解讀你們

現在老夫有點年紀了
頓覺不久將會失去你們
我的終點站也是你們的末日
到時送往焚化爐
是你們唯一的命運
多麼叫人感傷的事
我的生命隨業流轉，一切放下
自由自在，了無牽掛
但我希望你們長命百歲
乃至萬歲萬歲萬萬歲
成為永恆，永駐人間

只有一個辦法
把你們全都化成一首首
可以穿透時空的詩
只有詩，不怕政治謀殺
只有詩，不怕歷史汰除
只有詩，經得起時間考驗

只有詩，熬得過焚書坑詩
只有詩，不怕火、不怕刀、不怕槍
詩無畏，不老、不死、無敵於天下

各位親愛的圖像們，經我考證
把你們化成一首首詩
住在我精裝的書裡
從今以後有華麗的金屋接納你們
你們的新家叫圖書館
那裡有專人伺候你們
每天有冷氣吹，全年享受空調
你們從此過著幸福美滿的日子
享不完的榮華富貴

把你們都安頓好了，我就放心
放下一切，一切放下

台北公館蟾蜍山萬盛草堂主人
陳福成　志於二〇一八年夏

序詩二：詩劍合璧春秋錄

大約一百多年前，一向號令天下的武林盟主
因腐敗、墮落，久不練武，功夫盡失
且把祖宗寶產當成破鞋扔了
個個都忘了我是誰
一夜之間被另一股勢力趕下至尊的寶座
那些呼風喚雨的頭頭們，都成了階下囚
至尊盟主垮台後，江湖上興起各大門派
各大小山頭林立，佔地為王，個個有來頭
決戰帖如雪片般飛出，英雄好漢都想一展長才
到處架起擂台，武林中風聲鶴唳
免不了一陣陣腥風血雨，顧不了蒼生疾苦
十八般武藝輪流上陣
南拳與北腿對峙，陽謀與陰謀論道
西毒與東寇入侵，邪門和歪道盛行

持續數十年，江湖上依舊糾纏不清
黑白兩道都無道，都只為謀奪盟主大位

六十多年前，我無端捲入這場爭逐
當年我雖年輕氣盛，卻也正氣凜然
決定南行拜師學藝，苦修七年
跟隨一票師兄弟下山，為維護武林正義而戰
縱使戰到最後一兵一卒也不惜
劍在人在，劍亡人亡
並隨時以詩誌之，確保春秋正義得以發揚
縱橫五嶽天山，向長江黃河進出
是我一貫的志向
削平群雄，統一中原武林
是最後的目標
數十年奔走，物換星移
終於趕走了東寇
西毒卻壯大成了地球上最大的黑邦
聲稱趕走了地主，大家有飯吃
又把孔孟李杜挖出來鞭屍

把讀書人門成臭老九，說是造反有理
如此這般，蔚為風潮時尚
凡趕不上或不附合這股流行的
都被打成落伍和封建
各大門派也因此被掃地出門

流落南蠻孤島的各大門派痛定思痛
團結奮鬥、整經軍武，很有一番中興氣象
可惜好日子過久了，老毛病又犯了
各大門派為搶奪島主大位又架起擂台
其中一個倭寇警佐與孤島下女不倫孽種
名叫老番癲的大頭目，聲稱要自立乾坤
要延續「東寧王國」的香火
老番癲老不死的傳位給名叫阿扁的孽子
更聲稱要割斷祖宗八代的血緣關係
洗牌的結果形成南北對峙決戰，漫天燹火
小小孤島再陷紅羊浩劫，生態環境產生質變
人類竟退化成類人，所有生物都遭殃
老番癲和他的孽子及一群綠毒

使正常文化文明質變，毒化了全島
篡竊偷盜視為正常，無恥之徒居高不下
只管輸贏，不管道義，更顧不了眾生苦難
小小的一個小島，經不起動盪
正在一步步下陷、沈淪、下陷沈淪

我有些厭倦，決心退隱深山
修煉另一種武功
以筆墨為劍、為刀、為槍，為文武之大業
以文字為真、為善、為美，為無尚之法力
變幻莫測，去來無蹤；穿透時空，與天地合一
或以暇豫煉製成一首詩、一行句，乃至
一個字
就能傷人、能殺敵、能滅倭人
能令敗家的不孝孽子絕子絕孫，永絕後患
能滅西毒、東寇和美帝，攻略任何遠近目標
能圍勦任何邪魔歪道，維護中原武林正義
確保華夏江山一統
使炎黃子孫從此頂天立地於地球之上

近二十餘年來，中原武林興起一股公平正義之力
這是歷史的趨勢，也是一種磁石效應
盟主武功高強，是仁者的化身，乃蒼生之福也
現在，我一提筆，用一首詩為咒語
能進出歷史時空，密訪三皇五帝
秦皇漢武是我的坐上賓
李杜三蘇對我這粉絲亦寵愛有加
閒暇時在長江黃河間進出，遊走神州大地
一筆在手，詩在人在，人亡詩仍在
此刻的我，明心見性，佛住我心

註：這首詩構想於二〇〇五年。成稿於二〇〇六年。收錄於《性情世界》詩集（時英出版二〇〇七年）二〇一一、二〇一二多次修訂，再成本稿。

陳福成 二〇一八年夏台北萬盛草堂

光陰考古學

——失落圖像考古現代詩集

目 錄

輯二：失落的大小歷史

輯三：棄遺的世界

輯 四：長城風光意象伸展……………………一七一

輯五：中華民族大合照

輯　七：河山多嬌媚

輯　一：一八六三年上海「森泰像館」

稍縱即逝的美麗
已經滿足
潔白，在時光裡
真好
不必經歷滿族
衰亡的痛

一群人趕路
在荒野追風
要把幸福和愛送做堆
這是他們三生的約定
走完今世
又走來生

李鴻章說

當年你說
那個地方，雞不生蛋
鳥不拉屎
男無義，女無情
就送給鬼子吧
我今見妓女掌舵
土匪當道
果然如是

一八七五年的商販

你們賣些什麼？
是否有人變成當時的郭台銘
不論你們賣什麼？
光陰可以買下一切
狹長的小巷，幽幽地
早已走入歷史
已經斑駁的光陰
瞬間，走到
熱鬧的二十一世紀

兩位罪犯

兩位老哥
你們或許有罪
或無罪，被害
無論如何！
過了幾百年了
刑期已過
除非，你們太壞
進了無間地獄

一八七〇年的囚犯

你們被誰囚住了
貪官，或你自己
命運也會囚人
看這情境
時代在冷笑著
言下之意說
別跟我談人權

春天

妳看來很春天
傳統的嫵媚
藏在潔白裡
等待解凍
等待開封
那時春天會微笑了
幸福才啟航
等待一個男人
進來

吸鴉片

那時的中國人都是豬腦袋嗎？
這樣吸，吸吸吸
吸垮了人民
吸垮一個大帝國
大家都昏迷不醒
沈睡在吸的快感中
這是誰之過？
誰之過？

你們有貢獻

你們一定是百年好合
那個年代
沒有離婚
你們必是多子多孫
現在十四億中國人裡
定有你倆後代
你倆對中華民族的貢獻
大過現在許多
不婚不生者

一八七〇，祈求恕罪

我沒有罪
我是被害的
冤屈的風風雨雨
有個她
在三更半夜從門縫，偷偷的
爬上我的牀
情慾在胸中奔流
渴望戰勝死亡
自然法則，何罪之有？
祈求恕罪

看看這裡吧

你多子多孫
又享受榮華富貴
你的子孫、孫之孫們
來台灣看看
這裡盛產漢奸
代言倭寇
島嶼沈淪、不適人居
都是你闖的禍

日子不好混

古往今來，草民
日子總是不好混
混一口飯吃
最緊要是能
賣掉貧窮
在透白的光陰裡
賣到鬢髮成霜白
是否賣掉全部的貧窮？
貧窮，滾得越遠越好！
誰來把貧窮買走？

日子得過！

命運是個獨裁者
不能反抗
只能服從
服從自己的腳
日子得過下去
絕不會去跳太平洋
無視於命運
唱自己的歌
走自己的路

犁地球的人

千古以來犁著地球
一輩子都是
犁地球的人
就為餵養一口無底洞
讓你們太辛苦了
反覆耕出地球的皺紋
看紋路的深處
是否長出希望？

母親的天命

承擔人類的綿延不絕
是妳的天命
因此妳背負很重
妳背負一個天下
乃至重於天下
女人，天生幸福
母親，天生命苦
妳把天下養大
不保證天下養妳

人人必走一條路

這是一條人人必走的路
自有生命以來無例外
只是路，沒有兩條一樣
光陰是旁觀者
時代無差別
不一樣的腦袋
走出不一樣的路
過客啊
你的路要怎樣走？
才會是一條路

時代小販

紐約街頭有小販
上海街尾小販有
相較你這模樣
定是當年最時髦
若你重現台北街頭
你這形象超夯
晚間新聞的頭條
就是你
你就發了

流動鞋匠

出門走走
生意就在微風中流淌
縫縫補補
就是你的未來
讓你走更遠的路
也是我的未來
一家子生計
僅靠這點工夫

蓑衣

才消失了不久的時代
回來了
憶起不久前的童年
意象不算古老
看不出詩意
日子太過灰色
無奈的表情述說
日子過不下去了

一八七〇，獨輪車

推著一條路
獨輪滾向茫茫然
坐車的是老爺
推車的是一堆無盡的黑
幹完一筆生意
腰也折了
生活太沈重
壓著獨輪
壓迫著路

清朝士兵

這些兵能打仗嗎？
失魂落魄的樣子
難怪啊
割地賠款
亡國亡種
不怪你們
怪上頭領導們
領導無能累死軍民

抬轎的

你們是抬轎的
轎裡坐著權力和財富
坐著榮華富貴
他們都上去了
你們還在抬轎
是命中註定抬轎嗎？
打開你們的種子庫
未發芽前是什麼？

「我是誰？」

「我是誰？」
很多人不知道
只好問命於人
靠人指路

找出你的自性
見性成佛
佛是不要算命的
你知道嗎？

長城，一八七五

這條神龍
自遠古迴盪而來
蜿蜿蜒蜒在神州大地上
武力展示
一箭驚鴻，千座烟墩
多少英雄豪傑，無名英雄
靡灑壯烈史詩
中國人恆久不壞的風骨
與日月同在

生命掛在這裡

生命掛了
掛在這裡
再也飛不走的羽翼
翩翩起舞已是舊夢
還有不死的
是一個疑問
沒有違反動物保護法嗎？
一八七〇年！

農　夫

人和牛依舊硬朗
可以餵飽一些人
身形鏗鏘
撐著夕陽
撐起一個時代
把榮華富貴隔在牆外
以耕地，傳家

官官在上

古往今來，官官在上
讓草民拉著、抬著
才顯官威
彰顯治理能力
這一切，皆
為國為民也
此即民本
亦謂民主

時光之觴

那些百花競妍
都已靜了下來
轎上的春光
被光陰奪走美麗精靈
花褪殘紅
早已幾度輪迴
影像幻滅中
風中流觴

演奏會

你們在哪裡開演奏會
現場可是萬人空巷
定有長江黃河的濤聲
有黃海到青海的風嘯
或者，唱著
你們的鄉愁和苦悶
展演一個時代的顏色

人生如戲如夢

各唱各的戲
各有各的調
個個是要角
當所有的戲都演完了
光陰已煙消
回首竟已全部化成一場夢
在火中
夢的灰燼，漸漸消散

上海市場

這是上海市場嗎？
廿一世紀的國際大都會
我來尋根
尋找前世的記憶
這是上海的哪裡？
某一角落的前世
而今生何在？
轉世的模樣！

緣起，餐會

我們馬蹄噠噠
此一瞬間
緣起相聚
這時孤獨不來
用完一餐風花雪夜
洗一身沙塵
離去，千山獨行
只有孤寂的腳步聲
伴你一路情長

護城夢迴

古城馱起秦時明月
過漢關驛道
一路走來幾千年
寂寞的河水
依然護城
沒有軍師在城上彈琴
光陰對空城冷笑
陽光在牆上打出一個洞
穿過蟲洞已是二十一世紀

光陰太老了

看起來很詭異
光陰太老了，古舊
破碎，人和豬
搖晃著野性的情愁

是進化還是退化
快意糾纏著眾生的基本慾望
太過灰色的
存在主義

修腳，美的起源

現代各大都會裡
「美甲」店到處林立
人性愛美，美的起源
源自修腳
在單調的小巷裡
一人公司成立了
很快有了市場佔有率
保障一家老小生計

理掉煩惱

古來人類煩惱多，
總要常理髮
除掉煩惱後
美容健康來

你的頭也是一個舞台
理髮師的手在上面跳舞
你提供他表演機會
他混一口飯吃

刀起，頭落

刀起，頭落
這是什麼時代？
跪著不去想
一朵花掉落

四周看客很夯
街頭表演嗎？
仔細看
這是文明之初的蠻族！

犯了什麼罪？

看這樣子
你們在門口罰站
只是太沈重
但事必有因
相信你們經此一事
必學到更多
或者
已沒機會了

孟子的母親？

她是孟子的母親！
傳統中國人的母親！
母親，你的形象好美
一種文明，美的代言

妳能紡織，我只會織夢
霜花遇境已然留白
妳的笑意如康乃馨
雖古舊而芬芳

關卡・卡關

人間處處是關卡
卡住別人，卡住自己
也把金銀財寶卡住
不叫流失

人人心中有關卡
卡住自己想要的
卡住自己不想要的
想要和不想要的都關起來

輯　二：失落的大小歷史

你們來這裡做什麼
不外買貨和找路
買貨，在教授嘴裡
找路，在自己腳上
貨未必是貨
路則一定是路

未見是希臘的
看見是羅馬的
現在很春天
浸溢在日月之光的清流中
光陰形成的絕代風華
妳儘管散發熱力
讓這盛會
夯翻天

民68年金馬獎,伊麗莎白泰勒.李行

這美女是誰？

女人是人界之花
一成人妻
便皺了
只能當偵探
若是母親
定是偉人
這是最美的花朵
其美
可穿透時空

草原女孩

妳是沙漠誕生的美女
在草原成長
濛濛的黃沙在夢裡散開
妳趕著駱駝
追夢
開啟異樣人生路
妳唱自己寂寞的歌
贊頌妳心中的美

保定同學會

你們在往後的北伐統一
抗倭戰爭中
定有大貢獻
那是你們的春秋大業
更是中華民族復興
千秋之偉業
然而，歷史
你手上的巨椽
可別忘了

十三姨

替天行道
是妳的天命
人間壞蛋太多
政府多靠不住
沒有俠客還真不行
何況到現代社會
恐怖情人何其多
俠女
誰敢打妳壞主意？

活到現在，再活下去

這是活生生的歷史
活到現在
給現代人做個見證
你命好碰到我
為你提詩一首
你便價值連城
重回青春
持續活在我的舞台上
永恆不死

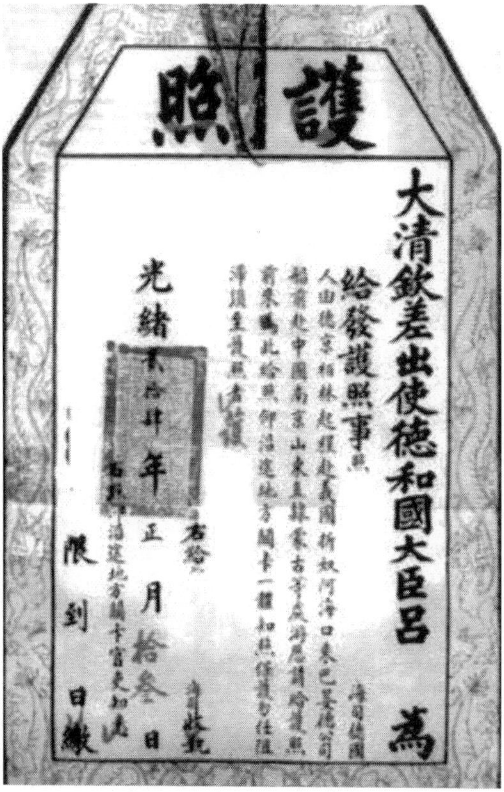
護照
大清欽差出使德和國大臣呂　為
給發護照事
光緒　年　正　月　日
限到　日繳

活在歷史上

宇宙萬事萬物都有生死
只有時間不死無生
時間誕生前就是歷史
一切都在歷史中
如這張釋放證
已死在歷史之手
我現在喚醒，又活上歷史
連毛主席也活了
從我的手上
又活了過來

毛主席語录

郑州市公安机关軍事管制委員会

劳教 强劳 释放证

毛主席語录

郑州市公安机关軍事管制委員会

劳教 强劳 释放证

這樣過日子

眾生都要過日子
當上人的
處下人的
都在找方法吃肉
沒有風花雪月
不談詩
只談肉
有肉最美
過這樣的日子

一九四九北京紅軍

同一家人經常打架
打輸的跑了
許多人得到解放
說解放即非解放
是名解放
經半個世紀努力
紅軍現在的歷史任務
解放台灣
解放全人類

妳是誰？

妳寧可在中國死
不回倭國生
妳到底是誰？

是滿清肅親王對不起妳
命運玩弄妳
讓妳的美
成為一把劍
一劍刺死命運

清·肅親王第14位女兒、漢奸

蘇聯紅軍佔領哈爾濱

他們來了
我們與人私奔跑了
這塊國土沒有靈魂
送人算了

我們靈魂去了哪裡？
中華民族精神何在？
那時我們都是死人
任禿鷹食用

眞有黃飛鴻

原來世上真有黃飛鴻
你喚醒很多人
讓他們知道
自己是中國人

你用民族精神
讓洋人知道
中國人起來了
你現在是中華民族的神

真實的黃飛鴻

曾國藩

你是中興名臣
你打過的戰爭已遠去
我掩耳傾聽
論戰尚未止息

民族存亡、國家統一
就靠一場戰役
我相信你相信
現在就再點燃戰火吧

十八歲的孫中山

你這時心中有夢
天下為公、三民主義
用一生革命
尚未成功
你的徒子徒孫丟了江山
革命無望
不意
你的對手將實踐你的夢
是中國夢
也是你的夢，我的夢

十八歲的中山先生

你這亡國亡種亡族的女人

世上真有亡國亡種亡族的女人
慈禧，就是妳啦
世上真有禍害二百年的女人
慈禧，就是妳了
你既不慈又不禧
漢字因你得禍
台灣為何成為漢奸盛產地？
就是妳種下的惡因
這種禍水，到地獄也毒死鬼！

尼克森問道於我

你來華問道
怎樣可以從越南脫身
我只能說多寫詩
詩的力量
可以保住五十萬美軍
回家享受天倫
聞詩香
否則
只聞屍臭

一九三七，鬼來了

真的有鬼，在東洋
有組織的鬼一群群跳來
小日本鬼子
倭寇是也

中國男人就是不怕鬼
來一鬼殺一鬼
來一群殺一群
神州怎容得下鬼入侵？

你這樣子

看你這樣子
三分像人，七分像鬼
我這黃埔人要
質問你
大野狼來時
你逃到哪裡了？
山河變色時
你是什麼顏色？

一九四九，北平

變天，真的變天了
接著就是變臉
普天之下沒有一人知道
臉是怎樣變的
一夜之間就是變了
再接著上演一幕幕神話
很正常
神州就是上演神話！

杯酒釋兵權

尼克森問道於我
我，杯酒釋兵權
貴國五十萬大軍
核准退出越南
我以一杯酒
回敬貴國軍民
彰顯我
天朝之德

致葉劍英、李濤等

當年那些比長江黃河浪濤
更激情的
靜止了
歷史並未停下腳步

今天共產黨員不忘你等初心
領導中國崛起
我萬萬想不到
歷史走的路太詭異了！

三十師師長，胡素將軍

往事如浮雲散了
生命散了
大事未散
時光列車穿越迷霧
我想起遺忘的風景
你置生死於度外
歷史置你生死
於度外

重整旗鼓

我們打算東山再起
收拾舊山河
無論如何摩拳擦掌
只是一隻小蒼蠅
馬養得多麼肥壯
只能養在動物園
偶爾放出來讓人民觀賞
永遠沒有上戰場機會
重整旗鼓，打個假球

三十九軍軍長，劉和鼎將軍

這身俊壯
鬼子看了怕怕
往事凝為一塊結石
將回憶開刀
才讓人快意
偶然一見褪色的形像
我質問歷史
是否記得此人？

人間怪事年年有

人間年年有怪事
年年多很多
好壞很難說
冬天熱死人
夏天冷死人
一夜變天
無常的世界
世界多無常

一九四九年 广西梧州
紅色政府下的兒童軍訓

想問蔣公

蔣公，老校長
我想問您幾個問題：
為何批准外蒙獨立？
為何不駐軍東京？
為何以德報怨？
為何搞白團？
岡村寧次為何無罪？
到底為了什麼？
歷史存疑
恭請老校長
說明一下

宋美齡給蔣哥的情書

蔣哥，西安的太陽很毒辣
會把人烤焦
妹子稍來這封情書
讓太陽降溫
用愛退兵
用情解圍
這封甜言蜜語也能
救國救民

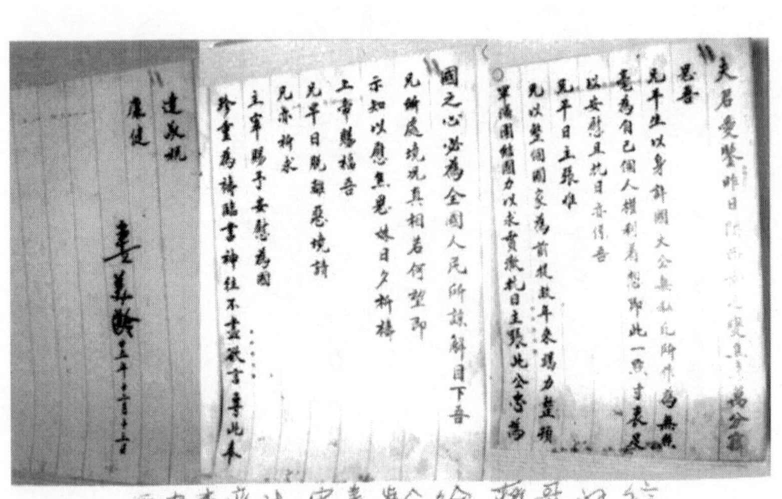
夫君愛鑒 昨日聞西安之變 焦急萬分
竊念
兄平生以身許國 大公無私 凡所作為 無絲
毫為自己個人權利著想 即此一點 足以表
以安慰且[illegible]
兄平日主張非
兄以整個國家為前提 數年來竭力建設
軍隊團結國力以求貢獻於國 此公忠為
國之心 必為全國人民所諒解 目下吾
兄所處境況真相若何 望即
示知 以慰焦思 妹日夕祈禱
上帝賜福吾
兄早日脫離惡境 請
兄亦祈求
主宰賜予安慰 為國
珍重為禱 臨書神往 不盡欲言 專此奉
達 敬祝
康健
妻 美齡 二十五．十二．十三

西安事变时，宋美龄给蒋哥的信。

讀她

點一支菸，讀她
她是誰？一首詩嗎？
倒一杯酒，讀她
她是誰？可疑的意象

一個時代過去了
光陰不走回頭路
也好
詩人才不寂寞

一九四八、元、好萊塢明星
Lana Turner 的广告.

一九〇七年，路旁有詩

我們走回一九〇七年吧
因為那裡有詩
時光列車要開了
窗外忽明忽暗的光
有流星漂流
意象很美
下站就是一九〇七年
街邊小吃都是詩人
詩，灑滿光陰的顏色

孫立人將軍

將軍你的一生
是浪漫唯美的傳奇
事業與愛都有了
中華民族以你為榮
別怪蔣公了
他也是老糊塗
只聽老美要策動你
他就⋯⋯

妳們當曾祖母了沒？

一九二七年到現在
不算太久
你們當曾祖母了沒？
光陰太抽象
幻化得如露如電
浮雲太輕描淡寫
所謂人生如夢
曾祖母不留白

烽火的年代

在那烽火的年代
水深火熱
火，在空中騰飛
水，在下面燒
這是你的戰場
好壞歷史都知道
一粒詩如嘆息落下
烽火也讓子民
醒過來

東亞病夫

堂堂炎黃子民
五千年文化文明的民族
為什麼成了東亞病夫？
一定有原因
也一定有兇手
我們找了一百多年了
原因和兇手逐一捕獲
我們將崛起，佔領地球
全球中國化

一九二八年七月六日

這天
你們四人在這裡逛
你們商議
改變歷史
創造歷史
你們知道嗎？
從此以後，歷史、地理
政治、哲學、神學……
全都變了

這裡以前很多鬼

人間鬼比人多
尤其這裡，鬼最多
因為有一場戰爭
鬼和人打架
結果人打輸了
割讓大塊土地給鬼
但鬼終究是鬼
終於還是被人消滅
現在這裡住的是人

你知道嗎？

立夫果夫大丈夫
縱橫政治不倒翁
為何淪落異鄉賣鴨蛋
你知道嗎？
政治是萬能的
可以使人變豬
豬變聖人
政治
使神鬼莫測

剪不斷理還亂

這麼長！越來越長！
煩惱或鄉愁
甩不掉的沈重
剪不斷理還亂

現代男人也留長髮
髮的長度和藝術高度成正比
沒有煩惱和鄉愁
一切無關頭髮

高呼萬歲

我們高呼萬歲
萬歲萬歲萬萬歲
依靠萬歲
我們得以心連心
手牽手
使信心更強大
可以織夢
在神州

一九一一年，滿人

中華民族險些亡種亡族
就是你們滿人幹的
蠢事
你們種下的惡因惡果
一百多年了
爛攤子在台灣尚未收完
土匪妓女當道
快速沈淪
如同一九一一年的清廷

老友

中間沒有牆隔著
手握著手
怎會有距離
散發友誼的芳香
許多事緩緩流經指尖
穿越時間之河
浮現一個時代的倒影
說是
政局太可笑了

美男子

不可抗拒的瀟灑
飄然而來
讓美感在政壇飄香
像一種花的表情
很快也會謝落
幻滅的美麗
構築偉大的傳奇
在偉大的時代裡
以美治國

快樂

看這樣子
他是個赤貧者
但他多麼快樂滿足
他的幸福指數世界第一

在現代富裕社會中
孩子們擁有一切想要的
但這樣燦爛快樂的笑容
已瀕臨絕種

你們讀出什麼？

一塊金磚
從字裡行間跳出
一個美女
藏在書頁

此外，還讀到什麼？
知道嗎！
民族精神，國家興衰
都在裡面

天生漢奸的料

李白說天生我材必有用
確實如是
有人天生是聖人
有人天生是走狗
而你
天生漢奸的料
國家民族都賣了
自己的靈肉正估價吧
文化，活著

古陶城堡

你寂靜的用功
將夢想喚醒
變成片片江山
光陰便在此入滅
沈睡千年
乃至萬年
讓一座古陶城堡
醒在月光中

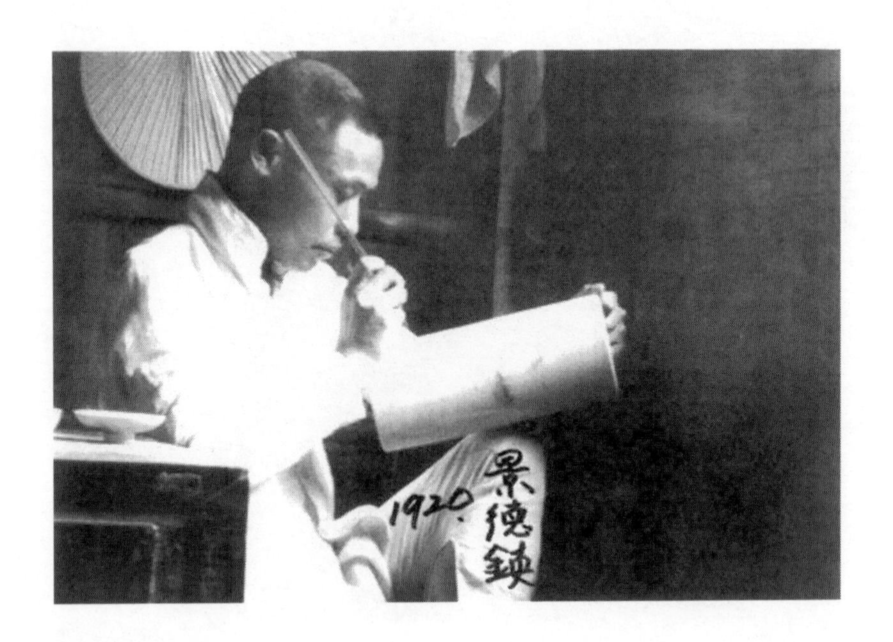

輯　三：棄遺的世界

大家相信嗎
鬼殺人
是真的，鬼會殺人
一九三八，南京
鬼佔領了這裡
展開大屠殺
幾十萬吾國子民
人頭落地

皇權不在
剩下大象默默看守大門
因為小鬼佔領南京
臣民百姓
死的死、逃的逃
皇權
是幽幽怨怨的風
大象不怕鬼

逃難

一座太平洋
在逃難
面對已經崩壞的桑田
朵朵浪花都是驚濤
往何處逃？
那裡可以容得下
一座太平洋
難民

浮光掠影

光陰遺落的影子
透映在水中月
時間腳程又太快
只一瞬間
你的容顏已成古蹟
放著讓未來考古學家
考證這些浮光和掠影
不會失業

一路向西

馱起破碎的家產
一路向西
也是逃難嗎？
光陰在路跑時已死
你們只好私奔
行腳加速
西方的月亮較圓
較亮

光影如詩

把歷史放逐
把政治火化
人物事件放羊吃草
你看，光影如詩
太虛幻境的住宅大樓
住在這裡
古今詩人同在
一切都放羊了
詩才有境界

站在這裡等

等，站在這裡
歷史走過，光陰走過
得唔見一切恩怨情仇
如花落
不會死的
不須要等的
是一絲絲微風稍來訊息
等一下，好戲在後頭

猜猜看

猜猜看，這是那裡
你前世來過
環境變了
土地的味道沒變

找找看，他們是誰
有一位是你的前世
樣子變了
遺傳基因沒變

這意象古老

這意象是屬土的
可以很古老
古舊如古詩十九首
光陰黯然離去
影像留下感傷
我深信這塊土地
無論意象多麼古老
多能新生
並且壯大

這裡現在是大都會

這裡不久前是大海
大魚遊戲浪濤
後來大海遠走高飛
桑樹到此聚居
各行各業在此落地生根
炎黃子民發展壯大
這裡現在是國際大都會
自吾有生
見此三變為神州金融中心
不信的
可去考古

故宮舊夢，一九二〇

那些鳥事已遠
卻仍在夢中糾纏
有些鳥就是不肯遠飛
夢也不肯散去
去與不去都是苦悶
放也放不下
左思右想
舊夢會再糾纏一百年
不止

這條大街，幾歲了

這條大街有幾百歲了
黃土壘起的春秋
傳奇故事，深不見底
一排一排古舊
都是神話和童話
北平，一九二七
至今又過了百年
幾歲了
長成什麼模樣

一九三六，北平城外

荒煙年代裡
感覺顏色都是昏暗的
眾生只顧自己覓食
大地冷漠一片
只有光陰的行腳是積極的
把這裡推向二十一世紀
你們知道嗎？
這裡不養豬了
你可來看看

一九一二，北平賽馬

以前孫臏在這裡賽馬
每賽必贏，口袋滿滿
人的口袋無底
時光有底
無論如何，馬跑不過光陰
所有贏來白花花鈔票
都已泡沫化了
現在這裡還賽馬嗎？

一九三七，廣州

這時，神州大地
已被鬼入侵
鬼先攻佔東北，一路南下
為防止這裡被鬼吃了
她們打起精神
整軍經武
別小看女人
女人是萬物之源頭
中華女人不怕鬼

紫禁城

紫禁城禁不住了
一切都太老
給人一種古老封建的感覺
須要新生
文化在此重新洗牌
保留優良基因
孕育新物種

頂天立地，打鬼

在五千年歷史發展中
這段時期鬼最多
鬼，來自東洋列島
惡鬼誓言滅華
中華兒女們站起來
頂天立地，保衛家鄉
消滅所有入侵我
神州大地的鬼

這裡也誕生詩

詩人天天想著怎樣生詩
依我看，到處有詩
路邊、市場、山坡⋯
還有一九四九年的天壇
詩已經在等著
就等你呼喚一聲
詩走入稿紙
各就各位
所以地球上詩的總量
超過總人口

這一刻

一秒停格，真的是
萬歲萬歲萬歲萬歲
過去的風雨已遺忘
此後，始終靜默
影像尚未冷黃
早已曲終人散
時光不停向前推移
現在的你
記得以前的這一刻嗎？

你來過這裡嗎？

看這裡很神
你來過這裡嗎
高大牌樓在此落地生根
根，會連接
你的生生世世
那人影或許是你前世
如夢如幻之浮雲
在你心中飄起
一九三七，廣州

好像沒事

這時候不是遍地烽火嗎
你們好像沒事
兩隻大公牛爭奪交配種
不顧眾生死活
小生物離遠一點
好過年
至於逃難嘛
就看風往那個方向吹

一九四八·元·上海
賣年画的

奇蹟

幾百年烽火洗禮
你不斜不歪
頂天立地站著
一腔熱血
鬼看了也怕
所以鬼子沒敢毀了你
就怕光陰快速走來
大家怕怕

小朋友

你初始的旅程開始了
光陰也在成長
但一九四九可是一塊
擋路的大石頭
天災人禍也不長眼睛
若你通過大小八十難
現在也該八十歲
接下來要劃出
一個完美的句點

衆口

一口已深不可測
眾口更難料
他們個個張大口
想吃下什麼
唯一可引眾口來吃的
不外就是一個
很大的慾望

浪潮

浪潮一波波沖來
從古到今不停
不管多大的浪
很快倒下
激盪這一片想念的晨光
驗證一個定律
有史以來
從未有不倒的巨浪

牌樓頂到天

很多牌樓頂到天
故稱天府之國
天府也會老
歲月的顏色
越來越深
深到快不能呼吸
在我仰望樓頂的太陽
山河有了新生命

我是一匹野馬

我是一匹生活在天空的
野馬
不喜歡被關起來
也不想釘鐵蹄
不願被人騎
你願被人騎嗎？
馬和人一樣
要的就是自由

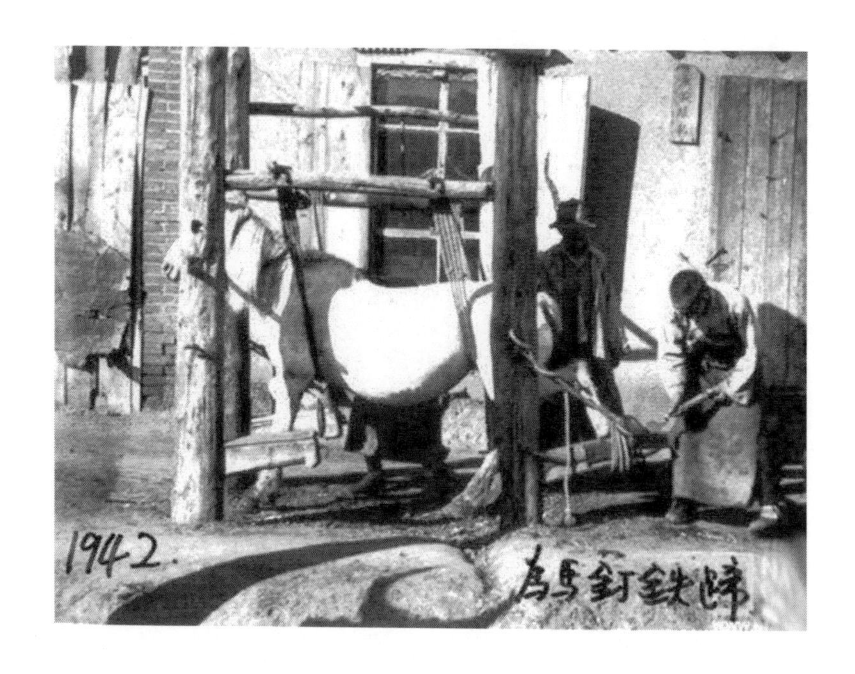

耕耘大地

努力找水
為給農田灌溉一點希望
腳板絕不叫苦
吃苦當吃補
就是一種快樂
日出日落間
有成果的味道
知足的
飄香

鬼混？

你們在鬼混什麼？
等在這裡
天上不會掉下金塊
當然，鬼混亦有道
李白斗酒詩百篇
你們可以從做夢開始
做夢和鬼混差不多
世間一切偉大的事業
都是從做夢開始的

長 江

這是長江嗎？
不像是我夢中的長江
看這氣色
倒像唐詩或宋詞
古詩詞裡跳出一片意象
這種美感和快感
詩人抓得住
揚子江的歌聲

荷筆耕耘

小朋友好棒棒
開始練習荷筆
耕耘
一座神奇的中國字海
這座字海是寶庫
其深超過太平洋
其廣比天空
看你們用功跨出第一步
未來一定是大學問家

1927．寫字中的小朋友

上課，一九二七

大家都來脫盲
上課，讓我們睜開眼睛
看見世界的真相
大家都來脫貧
上課，讓我們有能力
追求希望
上課，讓我們壯大
我們才能壯大中華民族

杭州，一九二七

上有天堂，下有蘇杭
看這古風意象
從唐宋傳來
白居易的腳步聲
蘇東坡的行腳
東坡肉飄香千年
蘇堤和白堤
千年以來
人潮錢潮從未斷過

揚 帆

路上行舟
須要揚起最大的帆
耕耘和灌溉最多的農田
海是漁舟的大地
陸是農舟的江山
揚帆鼓動夢的浪濤
就能創造一座天空
屬於自己的

老爺

帝國太老了
才到處是老爺
老爺當久了
不知民間疾苦
老爺眼睛都不好
看不清外面的世界
老爺身體當然不好
全國都是老爺
敵人就乘機入侵

婚

又有女人頭昏了
為什麼女人一定要頭昏
才能成婚成家
這是人類物種繁殖的祕密

現代大家不婚不生
各國政府有人口問題
問題之源何在？
現代女人清醒了

揚子江船夫之歌

——用四川音朗誦

我們在揚子江邊唱歌
歌聲傳過幾千年
響遍大江南北
傳到台灣島
抬頭看一看東方
一顆巨大的太陽升起
太陽重力太強大了
格老子要謀
壓迫地球向東轉

海拉爾，一九四二

呼倫貝爾四季吹不停
草原顏色最迷人
草原夜晚的星星
是情人的眼睛
我們在無垠草原上放牧
放歌、放夢
但在一九四二
放歌，太感傷
放夢，夢飛不起來

一九四四，救亡

為什麼要救亡？
我們為什麼面臨危亡？
世界最廣千萬版圖
全球最眾幾億人口
怎麼會亡？
原來是東洋小鬼要滅華
鬼，就那群餓鬼
也能滅華
我們起來先滅鬼

黃埔，一九四二

尊敬的老大哥老老大哥
為了消滅東洋鬼子
向西大遷徙，以退為進
終於把鬼趕出國門

但老大哥你們知道嗎
現在台灣內鬼勾結東洋鬼
新「八百壯士」手無寸鐵
群鬼將使台島沈淪

如夢，瀋陽一九二九

這個顏色
就像陳年老酒的香
在百年舊夢裡繞
問佛洛依德
夢依舊難以解析
打開老酒的軟木塞
誰能解析那芳香
瀋陽一九二九，如夢
不能解析，太老

這夢，也太老了

從廿一世紀的上海看出
一九二七，北方馬車
如夢，也太老了
光陰回不去
現代人不懂
那年，你趕著馬車
運送微弱的陽光
今日一見
一頭霧水

鬼炸重慶，一九四一

向來只聞鬼嚇人
未聞鬼殺人
今有鬼殺人，鬼再進化
駕轟炸機，轟炸重慶
死幾十萬子民
中國人啊你們又忘了
總以為一九四一
已是歷史
鬼，只會嚇嚇人

一個偉人站著

這寂寥清冷的光景
中間站立一個偉人
偉人是穿透時空的神
光陰能把他奈何

大連，一九二九
是我前世的清風明月
今生轉世而來
看那偉人是否原地站著？

故鄉的河

這條河流的嘆息
有媽媽的味道
想撲進妳懷裡
如今都已是幻境
有一種呼喚的水聲
夜夜響在夢中
那黑白光影
將如何處置
這條故鄉的河

廈門，一九三四

靠打魚過日子的年代
有時是聰明的
漁民被打敗了
日子的顏色很灰白

現在這裡的人進化了
靠頭腦過日子
再一顆東方明珠升起
日子的顏色五彩繽紛

凝視一個時代

這一秒鐘，我們的凝視
有何不同？
你看那黃皮膚黑眼珠
以及凝視的姿態和顏色
五千年來有何不同？
不同的是，我們凝視
都只有一個當代

大連一九三二，有女鬼

大連，一九三二年
真的出現女鬼
不相信嗎？
照片為證
如夢的姿勢
輕步蓮移
東洋女鬼
據說，她們來大連
變種

尋夢

為追尋一顆夢中的星星
我們走在冷寂的路上
夢太重了
把全身包起來
不怕寂寞
只管向前行
只要上學
一定可以找到夢中的星星

1927. 前往上學路上的女生

小朋友的世界

有一種世界
古今不變
是小朋友的世界
有一種話語無負作用
是童話
有一種心可以成佛
是童心
有一種光陰讓人回味一生
是童年

解放前，上海

要解放了
他們有說有笑
解放真好
誰願意被綁著？

萬萬沒想到
鬆開了綁索
關進了鐵籠
歷史，深不可測！

1949年上海．解放前數月

南京街口，一九四八

四季更替，潮來潮往
又將到改朝換代
一九四八
許多風雨
從這街口間隙湧出
光陰的行腳不等雙方兩造
你們的恩怨情仇自行了結
南京是包容的
不管誰來
都享受這裡的春色

長頸鹿搬家，台北

眾生之中地位最高的
是老夫
最有資格南面王
是寡人長頸鹿
台北人深知孤所愛
在木柵青山綠水間
建一座，不是動物園
寡人的紫禁城

妃子們

近在咫尺
望眼欲穿
無形高牆隔開兩方
同牀不是夫妻
沒有機會平起平坐
大家想著同一個愛人
在冷宮中
被寂寞苦斷肝腸

孩子，爲你誦經

孩子，你父母呢
國家也沒能保護你
你死的時候無人誦經
現在你聽
觀自在菩薩，行深……
一切有為法，如夢幻泡影；
如露亦如電，應作如是觀。
孩子，你與將相眾生
無差別

1946．埋在飢荒中的兒童

鬼來了！不怕

一九三七，鬼來了
鬼子來了，我們不怕
龍的傳人怎會怕鬼？
用壯盛軍威
舞動巨龍
光看，就嚇壞了鬼子
何況我們全民團結
不管多少鬼入侵
全部捉來餵龍

玩龍球

龍的傳人玩地球
把地球推向天空
只有龍族有此能耐
孩子，只要你自強
地球就在你手上
任你玩，任你推
光陰也在玩弄地球
讓未來日子越來越重
直到你再也推不動地球

上海，一九三七

在這個年代
歷史正要改寫
彎曲的江岸
內灘、外灘
很多路，不知要指向何方
到處是風風雨雨
風在雨的傷口灑鹽
主義之間相互埋葬
而上海，隔岸觀火

上海，賽馬

這裡常有火燒
在馬的血液裡著了火
不論前方如何吃緊
熱火都在此緊吃
馬是不選邊站的
歷史才會公正
八方風雨各有爭論
都要依遊戲規則
判決勝負輸贏

上海，一九四五

剛從淪陷區解脫
就有美麗香菸可抽
可見把鬼趕出國門是對的
被東洋鬼子洗過的腦
又有漢奸留下遺毒
將要如何努力重建
再現進步繁榮的上海
一九四五是里程碑

價值在此誕生

在這大動亂的時代裡
時代考驗價值
價值創造時代
於是，各種價值如雨後春筍
搶著誕生
價值與價值之間
各立山頭，相互廝殺
竟打殺百年不休

剩下空茫

各種價值都在這裡放風聲
風風雨雨中
各種價值消滅了江山船隻
只剩一船空茫
我聽風聲竊竊私語
上海，一九二七
歷史時刻將停下腳步，商議
剩下空茫
應如何振興？

這是偉大的民族

世界上有那一個民族
能夠移山倒海
用一億隻螞蟻搬走一座山
百萬螞蟻建一座機場
用螞蟻雄兵消滅東洋小鬼
讓鬼看到螞蟻就怕
無疑的
正是我中華民族

美之古典

散發盈盈幽光
沿著光陰行走的路徑
穿透歷史
仍有水聲的清香
水仙花亭亭玉立
素雅形像永恆的站立
在光陰的伸展台上
以美之古典
吸引目光

輯　四：長城風光意象伸展

眾多祖靈呼喊
土地聽到
天空知道
風雨也聽到
城牆聽不到
歷史走了
把一切丟在後面

沒看見嗎？
城牆上有眾多士兵
呼喊著、戰鬥著
兵器相撞之聲
千年不絕
一棵老樹出生至今千歲
他見證
所有風雨來龍去脈

祖靈的聲音

炎黃老祖秦皇漢武傳話
子孫們
我們生命一定有個出口
巨龍有了回聲
保持靜肅，聽
就在二十一世紀
神龍自神州大地飛騰
抓得住整個地球
這是祖靈的聲音

長城醒了

城牆到處是傷口
千百年之殤，尚待恢復
崛起
我們開始打通龍脈
打通山河江水
五臟六腑氣血全通
長城醒了
巨龍醒了

又發生了

從長城下走過
地平線上突然一驚
是否戰事再啟？
蠻荒的天空舞台上
強大的黑鷹正展示武力
不論何時、何地
這是歷史的真相

最貼緊神州大地

最貼緊神州大地的
長城，就是你
你的心跳聲
連簌簌的小草都聽見
土地也聽見
但在歷史上，你
經常患呼吸中止症
你心不跳
大家的心也不跳了

莫怪命運

命運，什麼都是命運
也太沒志氣
你是中國的脊樑
你是民族的事業線
起來，站出來
向命運挑戰
緊抱地球
看東方升起一顆紅太陽

有些不醒的

有不少殘磚斷瓦
跌落的磚塊仍在地上沈睡
或被農民搬去當童養媳
古風在荒煙徘徊
枯衰的靈魂在老樹上
找不到巢
幾經騷動
有些龍族仍在沈睡中

一段空白

騰飛的巨龍
有些被光陰盜竊一空
剩下想像
有些被禁足在博物館中
沈睡不醒
歷史袖手旁觀
只有找化石考證
化石也灰飛煙滅
一段空白

誰來閱讀

我在城牆上散步
才幾步已然走過三千年
發現城牆疊起的滄桑
歲月深深
都深陷在光陰紋路裡面
失落的歷史
記錄在磚塊上
土地下
誰來閱讀？

崛起啊巨龍

崛起啊巨龍
再一次崛起
你的崛起是第幾次了
這回你掀起新造山運動
把龍族從安詳中喚起
閃電般抖抖身子
迎接崛起
又輪到你當地球大哥

昇華、放下

把牆的痛苦昇華
超渡，或救贖
一塊塊石磚化成一句句詩
連成一首萬里長詩
在幽遠的時光裡醞釀
釀造一些風花雪夜
彷彿塵埃
被光陰吹散後
也放下了

長城上看夕陽

獨坐長城看夕陽
夕陽越看越老
只剩殘生老人，枯坐海上
等待黎明
再換一身青春
歸鳥回來了
消失在天空的縫隙裡
我仔細再望
世界突然變得寬廣明亮

一片雪花停在

一片雪花停在空白上
巨龍飛在白雲間
長河流向外太空
龍眼熠熠生輝
光陰和一切
全醒了過來
看一片雪花停在這裡
這場雪
一下千年

一城一牆（子）

一城一牆連接到天邊
太空中一條彩帶
翻飛著
每次都站上歷史至高點
揮動雙拳
振臂疾呼
狼來了！狼來了！
中華兒女每回都將
狼，馴服成自己人

一城一牆（五）

這一城一牆
從哪裡來？往何處去？
地緣戰略已成老骨頭
眾生在此討生活
安身立命
發展成人類命運共同體
不必派人通西域
不叫誰下西洋
西域和西洋都在城牆內

一城一牆（寅）

這一城一牆，乃我
三皇五帝，秦皇漢武
歷代天才子民研發
先進武力
子子孫孫綿延壯大
祖祖輩輩全都放心
祖魂永恆不死
到今日將一城一牆發展成
一帶一路

一城一牆(卯)

這一城一牆
起初都為防著大野狼
所有來的大野狼
都被馴化成自己人
後來又一批更厲害的大野狼
是從海上來的變形金剛狼
我城牆俱毀，很難馴化
目前正以全球中國化
馴化這批西方大野狼

一城一牆（辰）

這一城一牆
曾經有段時間是個死人
找不到一絲活的靈魂
世界第一大國
人口最眾多之中國
豬狗不如
我們先喚醒祖靈
再喚醒這一城一牆
連牆邊小草也要醒來

一城一牆（巳）

這一城一牆終於醒了
獅子醒了
龍族全都醒了
諸種大野狼們沿著
一帶一路
來討生活
來朝聖
來悔過
還有不爽的不負責他的三餐

一城一牆（午）

這一城一牆活了
活成一尾尾活龍
在這二十一世紀之初響起
一聲聲春雷
習習春風吹向全人類
啊！條條大路通北京
一帶一路通天下

一城一牆(未)

這一城一牆可真神了
繞著地球轉
緊緊的把地球用一帶一路
抱在懷裡
城牆無內外
方向無東南西北
全抱在懷裡
中國化全球
全球中國化

一城一牆（中）

這一城一牆可真化了
化成了無形
化了兩岸
融化全人類
不同眾生語言種族
互通有無、互學互補
大家過好日子
大家有共同的夢
亦是中國夢

一城一牆(酉)

這一城一牆可真夢了
很久以前就有夢
上下悠悠幾千年
堯舜禹的夢如是
秦皇漢武的夢如是
李杜三蘇的夢亦如是
我的夢更如是
一城一牆化成一帶一路
飛上九重天

一城一牆(戌)

連城牆也愛織夢
牆邊小草也有夢想衝動
人更不得了
神舟上天，北斗覆蓋
航母啟動
築夢月球火星深空
夢在前方遠處
路在腳下一步
夢才成真

一城一牆(亥)

這一城一牆
起於天干，長於地支
目標是一個圓
圓於民族復興，咱們崛起
圓於改革開放，再改革開放
圓於文明文化的繁榮
圓於治國理政的無私宏圖
圓於
一切不圓的

城牆風骨很硬

我們的城牆風骨很硬
才能挺立千年不倒
風沙野火大野狼等
皆不能壞
因有中華民族堅如金玉
風骨支撐
硬過光陰、硬過一切
這是炎黃子民的傲骨

長城向下扎根

長城向上長，向下扎根
生生世世向
神州大地很深的底層延伸
感覺就生出太陽
在我心中長生不老
無論什麼季節
有根才強大、才幸福
根默默向下探索
果實沉甸甸長滿神州大地

聽，長城唱歌

一遍又一遍，長城唱歌
聲音穿越千山
穿過海峽，繞入人心
聽，大家唱長城謠
雪花的聲音亦天籟
呼喚孤島上
許多迷途的羔羊
若不快救
恐沈入大海

我是長城上的行者

我在長城上托缽
化一點風雨解渴
禪坐，找不到菩提樹
就在樓蔭一角坐下
行行走走
一過千年，未見淨土
烽火從不停熄
我再閉目、入定
等待一個淨土

長城黃河長江

江河巨龍都是一家人
一族人
同樣的血緣血親關係
長城，乃不動如山之江河
江河，乃奔流不息之長城
神州有脊樑撐起藍天
自強不息奔流的長城
我們興奮、崛起

創見者安息吧

地球上最偉大的
巨龍創建者們
你們都是工程英雄
千百年來
你們沈睡在龍的王國
九泉之下可以安息
每年中外多少旅人
來向你們參拜
還有什麼比這更大告慰

我的長城

親自來檢視長城的憂傷
積累千年懷念
為生存發展
苦了多少代子民
乃我炎黃子民的長城
經百年沈淪
尚不敢自毀
我族應挺起脊樑
迎向二十一世紀

長城萬歲

看來能夠真正稱萬歲
只有長城了
站在你的腳下
彭祖也顯得太年輕了
每一塊磚都吸引目光
所有旅人自行卑微
光陰是把你無可奈何
歷史證明這一點
你將萬歲萬歲萬萬歲

所謂一白遮三醜
她們一醜也沒有
純白是她們的品牌
無論怎樣
就是白
千百年民族形像
唯一白

輯　五：中華民族大合照

白族的美
不同於白人
如山間白雲
飄逸
空靈之色
而非空
依然叫你動心於
她的白

仡佬族

白濮到仡佬已千歲
仡佬稱母親
毛龍節百龍齊舞
展演江山傳奇
風雨不言，仡佬屏息
紅顏永不老

普米族

普米打麥出詩歌
長歌一路豪放
飲怒江水
散發千年沉香
愛花草的民族
自然奔放似風雲
不論風雲姿勢怎樣
民族屬歌

毛南族

如雲的民族
在雲貴高原和群山間
飄
人稱是阿難
創造神奇難文化
沿大河上溯找到茅
找到根
在古老的黃昏飄渺

阿昌族

在雲之南
耕耘四季
用千年鍛製的戶撒刀
反抗帝國主義
保衛祖國邊疆
是族人神聖的使命
血緣的大河上溯到峨昌
憑這把刀
行走千年不衰

錫伯族

東北到新疆
與滿族同屬女真
用詩編織草原
草原有詩香
有錫伯人的地方
熱血竄火
為保衛民族的
大邊疆

台灣少數民族

這四朵花的姿勢
青春如花
風的衣裳，水的甜美
深一足，淺一足
揮灑青春，永不老
旅人在夢中醒來
茫茫旅途
四朵美美的花
是人生風景中的風景

納西族（雲南、四川）

男人，養在深閨人未識
一生只做七件事
琴期書畫菸酒
做人為要務
女人，出外打拼爭天下
內包柴米油鹽醬醋茶
天下幸福男人、偉大女人
在納西族

拉祜族（雲南）

古老拉祜族
是老虎的天敵
火烤虎肉是拉祜的香
無文無字
口碑文學盛行
如今，老虎藏於山
馱著夕陽，不能獵虎
虎比人貴
現在

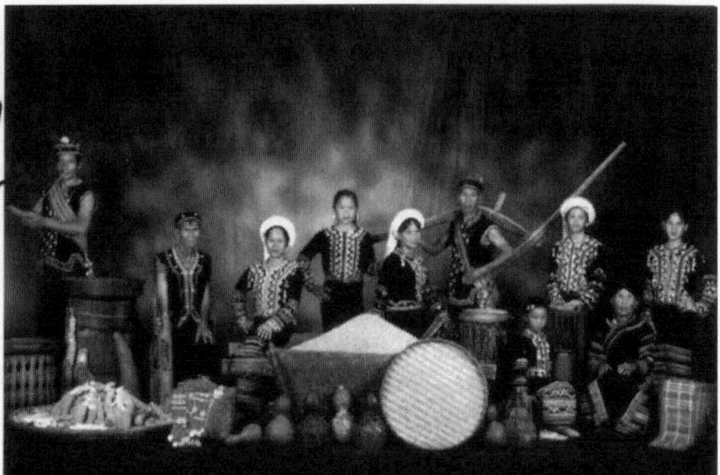

景頗族（雲南）

從天然平頂山誕生以來
四季只有雲景
縱歌目瑙
用雪的意象放歌
民之歌，輕聲飛揚
以謎樣的留白
舞在雲之南

哈尼族（雲南）

應元江水聲呼喚誕生
飲瀾滄江水長大
是中華民族十六大
在青山綠水間耕耘
大山雕塑成梯田
創作慈悲大業
感性
是貴族溫馨的品牌

德昌族（雲南）

城市如何安身立命？
看不到炊煙
還想聽鳥唱歌
早晨公雞叫起牀
不如回鄉種冬瓜
讓冬瓜長得和地球一樣大
織夢的大業
仍在我族的鄉野

普米族（雲南）

怒江的怒吼
不影響我族歡樂
安身於深山
立命於江水
天地寂靜，族人安祥
出外的遊子
沿著山水氣脈的方向
回到族裡團聚

雲南·普米族

阿昌族（雲南）

鑄刀的民族
一把戶撒刀穿透千年時空
揮向廿一世紀
在半山半壩的坡地上
打造家園
用歌聲鑄刀
再把神祕史話編織在
服飾中，旅人你來
有蹬窩羅舞歡迎你

傈僳族（四川、雲南）

火草織布是神科技
正午清風徐來
山風與樹葉沙沙對話
踩葫蘆生出的樂調
織火草布
跳嘎且且撒樂舞
慶祝族人的創造
國際品牌

雲南·傈僳

傣族（雲南）

傣族土司府六百年了
飄著熱帶風情
祖靈在空氣中散發芳香
來自上城佛龍寺
光陰的斑駁
孔雀在巷弄屋頂開屏
山間孟連之美
悠遊在雲之南

布朗族（雲南）

普洱茶香傳情緣
情緣早已傳過千百年
解或不解有關茶
茶山謠帶走你的耳朵
布朗舞迷惑你的腳
愛一個女人
夜訪是傳情
以鮮花和歌為媒

怒族（雲南）

怒族人是不生氣的
都是怒江破壞了形像
族人情性如春風
腰間掛刀是美的風景
聞說外面的世界
到處是怒族
吾等怒族的世界
四季如春

白族（雲南）

白伙白子中華十五大
散發古文明的光輝
民族特色唯一白
在空靈的白
典藏一切美感
春色源於白
白在生命的原色

雲南白族

基諾族（雲南）

隱藏在西雙版納異世界
一九七九年從大鼓中誕生
完成誕生認證
你們是尊重舅舅的民族
崇拜太陽
文明的密碼尚未解開
我深入異世界探險
企圖解開中華民族
最後一組密碼

獨龍族（雲南）

獨龍臥高黎貢山
飲獨龍江水長大
名列中華民族五十二大
原始婚習已進化
男女髮式散成一座森林
二〇一五年元月二十日
獨龍七代表會見習近平
誓言，共成
龍族大業

塔吉克族（新疆）

中國唯一白種人民族
異於西方白人
美女美翻天
帥哥帥到地
以守衛邊疆為天命
為保存最完美血統
只和自己人結婚
心中的神，只有
火

佤族（雲南）

你們是國際民族
摸你黑把你抹黑
越黑越幸運
瀾滄江和薩爾溫江的風聲
接軌外面的世界
旅人衝破大山而來
佤族始大放光明於
天下

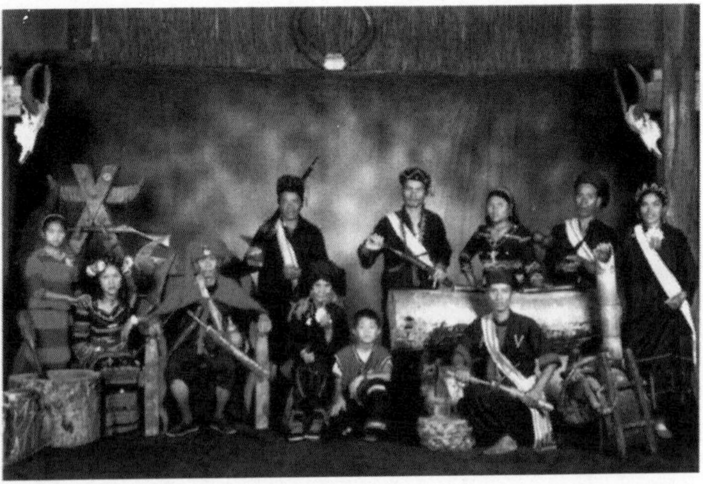

維吾爾族（新疆）

人間淨土
在金黃和雪白的世界
維吾爾美女是神基因
天山腳下善歌舞
崑崙山下有金有玉
許多人的夢在這裡
漢民族在這裡織夢
漢維各族共織中國夢

新疆·維吾尔族

塔塔爾族（新疆）

韃靼人仍在這裡
與歲月搏鬥千年
天地沙漠
糾纏不休
經戰鬥進化成塔塔爾
祖靈都醒了
日月星辰都是你們
千秋大業

柯爾克孜族（新疆）

族人老奶奶帶領武警戰士
巡邏邊界
建中國界碑
馴鷹，讓夢飛向天空
四十個部落、四十個姑娘
在草原放歌
史記，在草原上
守著祖國的邊疆

哈薩克族（新疆）

你們有鄉愁嗎？
因於哈薩克國或中國
遊牧民族曾經縱橫歐亞
如今演化成少數民族
在中華民族大家庭內
共享中國夢
還是很爽的

新疆－哈薩克族

烏茲別克族（新疆）

欽察汗國今何在？
歷史雖弔詭
逃不出演化法則
如今才正式成為
中華民族之一員
今後就在中國大家園中
共享中國夢
大樹底下好乘涼

錫伯族（新疆）

風吹莽原洋動
民族大莽原
沈重而節奏的甸響
錫伯族不為所動
堅定守衛祖國邊疆
千年古風的蒼涼
展演悲壯傳奇
也是中華民族豐富多重的
民歌

新疆．錫伯族

壯族（廣西）

中華民族強壯的代表是
壯族，也是女英雄盛產地
抗倭女將瓦氏夫人
率六千俍兵滅四千倭鬼
她是壯族聖潔的靈魂
中華兒女的典範
三月三嘉年華
壯族天琴談唱
武鳴三月歌如海

毛南族（廣西）

儺文化是輕歌飛舞
展演神祕的史詩
根植雲貴山水間
阿難就在這裡
安身立命
賞花看月
自成人間理想國

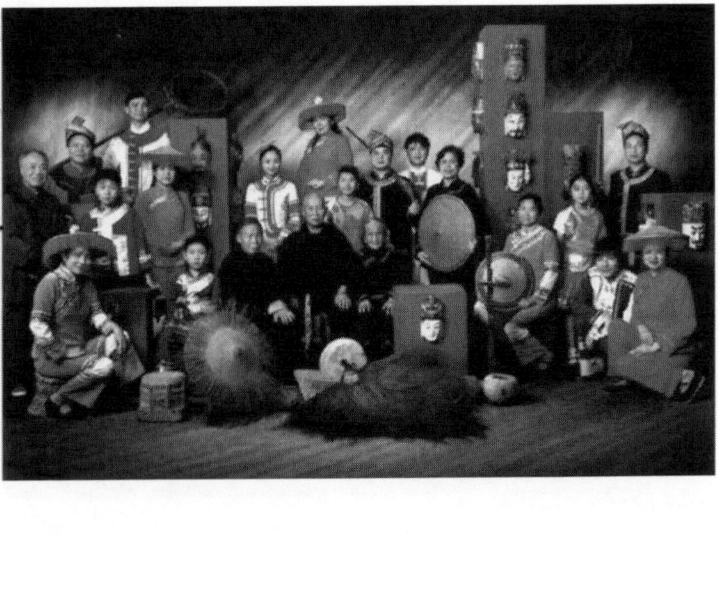

仫佬族（廣西）

仫佬仫佬背背抱抱
這是有親密關係的民族舞蹈
在秘密的國度裡
驚鴻一見
是旅人的福氣
羅城仫佬好風景
最美的記憶是給你
背背抱抱

京族（廣西、越南）

你們是海洋民族
大海是你們的舞台
帝國主義從大海入侵
你們自組江平抗敵義軍
抵抗邪惡勢力
你們為中華民族
守衛邊疆
共享廿一世紀身為
中國人的光榮

瑤族（廣西）

你們從東方九黎來
蚩尤血液在你們體內流
是中國最長壽的民族
行腳深山
在大山中開拓家園
貴族時髦開放
超越現代國際潮流
瑤族美女不罩雙乳
雙峰在你面前
山搖地動

蒙古族（蒙古）

馬背上的民族
草原遊戲就征服
半個地球
世間也太無常
如今一族分內外
何時可以全部回到
中國家園
共享中國夢？

達斡爾族（內蒙）

傳承契丹的古老文明
打歌打舞達斡爾
歡迎尊貴的旅者
族人跳起魯日格勒的舞蹈
哈尼卡玩具
是族人的千年智慧
這是玩家的民族

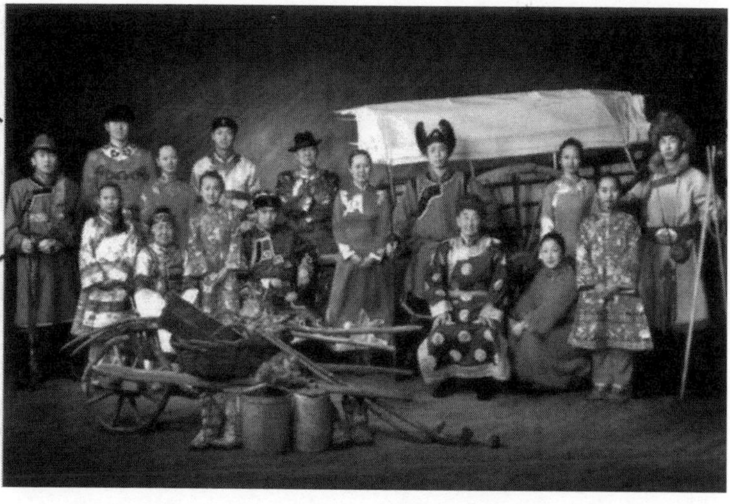

鄂溫克族（內蒙）

你們是中國唯一
屬鹿的民族
在大興安嶺到蒙古間
與鹿玩遊戲
馴鹿、獵鹿
與鹿為友
安身立命在
鹿群中

鄂倫春族（蒙古、東北）

山嶺上的人
看見萬物的靈魂
飄蕩在山水間
你們也成為歷史上的森林人
為狩獵一座森林
成為中國唯一合法擁槍的部落
玩槍長大

俄羅斯族（新疆、蒙古）

你們本是俄國人
一定是愛上了中國文化
移民中國，接受漢化
幾代人了，還適應嗎？
現在中國人的時代到了
我們共享中國夢
共成中華民族的
千秋大業

內蒙古．俄羅斯族

苗族（貴州、海南）

這是女人的天下
女人說了算數
成為中國第五大民族
傳承蚩尤的血緣
據聞苗人使毒天下第一
此言當真
那殘春夕陽
是否中了苗人的毒

仡佬族（貴州）

毛龍節有群龍
自山水間出
我好奇
摸摸牠鬍鬚
嚇出一身冷汗
牠看看我說
吾乃真龍傳人
真命天子

侗族

侗族的歌聲
聽了讓人飛起來
大地無垠
山巒的色澤都活了
女人在梯田放出詩歌
詩中有畫
歌聲豐富一個秋天
蒼茫的月亮山
永遠清醒

布依族（貴州）

釀酒的民族
布依神鼓驚鬼神
都是吸引我來的原因
布依釀酒有詩香
我只飲一盅
一向竄起的火花
就能釀詩
百篇

水族（貴州、廣西）

有夏商文化的醞釀
在雎水流域誕生
魚為生命圖像
你們是水做的嗎
原來地球的生命之源
在水之族
生命只要有水
必能壯大發展

門巴族（西藏）

從珠峰群山走下來
前世是布穀鳥
今世是大山的民族
祈禱永恆的美麗
妙者天女央吉瑪赤足上陣
餘音繞過幾座山
民族的魅力在詩歌中
至於用毒使毒技倆
是美麗的傳說

西藏·門巴族

藏族（西藏）

住在世界的屋脊
零下幾十度不叫冷嗎？
這裡的女人
都是草原的珍珠
男人負責採收天上的星星
文成公主影音仍在
經千年融合
如今總算可以共享
中國夢

珞巴族（西藏）

雅魯藏布江大拐彎處
住著神祕的珞巴族
人口已是稀有的
貴重物
他們每日與神同在
山河大地花草樹木眾神
在族人生活中
共享生活

保安族（甘肅、青海）

保安腰刀與三庄有傳奇
刀，是民族的生命圖像
明月三庄刀
在口傳歷史中
永遠鮮活
英勇果敢的民族精神
千百年族人生存發展得以
保安

裕固族（甘肅）

在河西走廊和祁連山間
安身立命
與天爭生存
草原是人和牲口的家園
大自然中盛裝歌舞
夜晚不數羊
數星星，月亮唱歌
贊頌古老回鶻汗國的輝煌

東鄉族（甘肅、寧夏）

融合漢回蒙
經千年合流成撒爾塔人
東鄉是山的信徒
有大山的容顏
性情如山風之繾綣
堅定如山
古老傳說已漸漸模糊
迎向廿一世紀
是月圓時清晰之美麗

彝族（四川、西南）

這裡有天下男人的最愛
摸奶節最夯的是
偷摸你超有彈性的
雙峰
被摸的姑娘全年都吉利
一摸，就被彈出好遠
等妳追來
同去觀賞火把節的夯點

四川·彝族

朝鮮族（吉林、半島）

朝鮮半島風雨從未停過
雨，忽大忽小
風，忽強忽弱
就拍掃過來
相同的族人切割成南北對立
但，你們是中國人
就在中國夢裡
也讓半島族人得救

羌族（四川、西南）

漢羌都是黃帝的子孫
你們住在雲朵上
羊是生命圖像
心中的天神叫阿爸
在雲端自在的玩
羌寨是溫馨家園
山水間點燈
照亮族人光明的未來

四川．羌族

滿族（吉林）

意外取得大漢江山
敵不過時間的破壞
老了！腐朽！往生！
促成中國新生
往生到新生的大融合
溶在漢化中
成就中華民族的千年大業
中國之融合、崛起、統一
滿族予有功焉

撒拉族（青海）

沿著血緣大河逆流而上
找到老祖
古西突厥古斯部撒拉爾人
你們聽黃河濤聲長大
守望黃河
是族人的天命
這是中華民族的母親河

土族（青海、西北）

土是眾生立基生存的舞台
選擇以土為族
這舞台便永恆不倒
有土斯有族
土是不壞不腐的
你們是務實的民族
也是浪漫的彩虹民族

赫哲族（黑龍江）

從老遠的俄羅斯來
找到一條黑龍
可以安身立命的家園
那些流浪的往事
如夢如幻
隨江水流逝
如今在中華民族大家園裡
有新的夢
共織富強中國夢

土家族（湖南、雲貴）

在深山高原開拓族人大業
森林舞動著
草原傳歌聲
把土家族哭嫁民歌舞
舞得活龍活現
成為民歌之經典
草原山林的家鄉
像是一個失落的世界

畲族（浙江）

山哈、哈達是住在山裡的客人
是族人的謙卑
不敢為主
讓人尊敬的
是山河大地、林木眾生
至於家園
我們都是暫時的過客
畲族的人生哲學
如山之高

回族（寧夏）

我們早已接受中華文化洗禮
洗了幾百年了
謂之漢化
所以沒有伊斯蘭恐懼症
寄語維吾爾同胞們
加速融入中華文化
才更能自在悠游在
中華文化大海裡
共享中國夢

漢族（全球）

十三億多漢族人
緊緊的包住地球
大家都在找根
很多人走到地球盡頭
依然找不到
其實你只要點燃心燈
呼喚祖靈
神州大地上
定有你的根

黎族（海南、貴州）

曾經生活在特區
今為中華民族十八大
你們是可愛的詩歌民族
黎裙超現代迷你
竹竿舞、火把舞舞動生命
祭神拜鬼繡面紋身
把古老化成傳奇

台灣少數民族

台灣少數民族百花齊放
有的隨人類學誕生
有從政治學誕生
有說南來、有說北傳
絕不可能和孫悟空一樣
因此，各族要努力
找根
根在那裡？

輯　六：入滅的幻影

我感到無限同情
你一生
決定不了自己的位置
你當家時
別人在掌舵
註定你是風中飄葉
你信佛嗎？
這是業！

所謂人生如浮雲
一切有為法，如夢幻泡影
在老校長都不成立
你來去都比泰山重
你要的春秋定位
何者為功？何者為過？
至少再等一百年
才有公正的評價

幻滅

你被風吹到這兒
就在此誕生吧
做了一場夢
非苦即樂
是夢的味道
有時點亮螢火蟲之光
照看前景
未見有路
螢火就熄了

中美關係

玩魔術或花樣
都必須有本錢
我們家產全敗光了
像一個流浪漢
漂流在孤島上
有什麼玩的本錢
只有被玩
最後被玩死

1942年的美國郵票

你的黑不黑

誰願意成為一個
黑
大家都要去黑
更怕被抹黑
你卻用黑當品牌
以黑喚醒白
喚醒所有顏色
你的黑，不黑
純白

蔣經國

我知道，你
犧牲享受，享受犧牲
為減輕老爸的負擔
但你這輩子幹錯
一件事
就這一件，恐又禍害百年
百年內中華民族不安
你找了一個老蕃癲來接班
漢奸禍國殃民啊

三寸金蓮

它和爭奪
交配權有關嗎？
得問佛洛依德
生物一切行為和
性，有關
所以腳
不管長成什麼樣子
都是力量
生命力由此而來

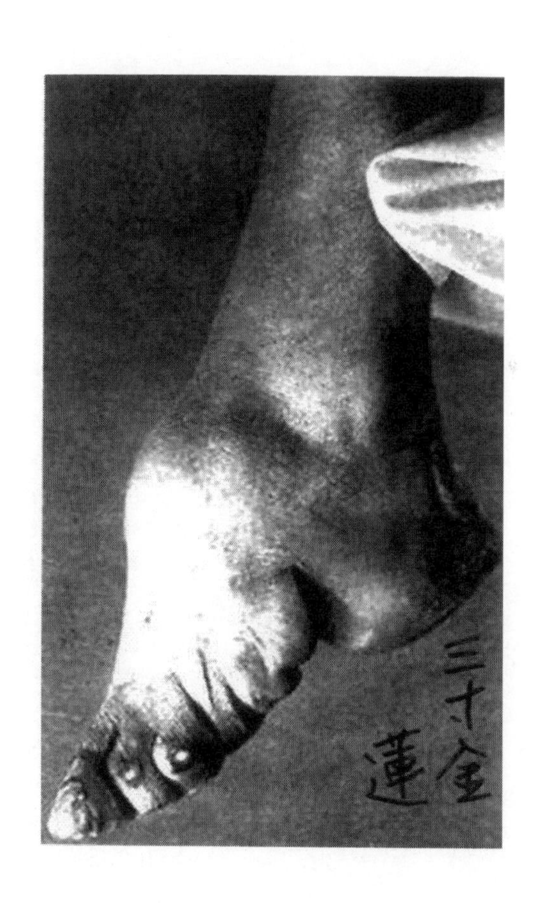

鬼府

那些年，東洋群鬼竊佔小島
大開鬼府
為行魔鬼事業之便
往後百年間
這裡不是鬼辦公
就魔搞鬼
曾有一段時間有人活動
處理流浪事宜

汪精衛

你本是革命英雄
幹嘛要去當漢奸
這罪很重
地獄也關半個多世紀
該出獄了
隨業流轉後
要好好修行
再當漢奸
就進了無間地獄

光景曇花

瞬間的美麗
睡了，再也不醒
你走一段歷史
留下一些化石
不黑不白
就是這光景
稍縱即逝
這些遺憾
留住了美感

風中花

一朵花
開在空氣中
隨風漂流
不管流到何處
找不到可以
釋放感情的岸
風中之花
妳的愛
只放心中

神・鬼・聖

這裡以前聽說住著神
其實是鬼
群鬼在這裡害人
魔王在遠處遙控
後來魔的事業垮台了
鬼被消滅
現在這裡住著我
中華民族英雄的
聖靈

英雄認證

你太孤寂
成仁取義
又比泰山重
我在紛飛雨中
獻上一朵白色的真誠
家人因你受惠
國人因你
得以鼓舞
證書，卻太輕了

革命烈士的家屬証明
大名縣人民政府
茲有　同志係　貴縣
於一九四八年十一月參加我軍在
請按「革命烈士家屬革命軍人家屬優待暫行條例」對其家屬給予優待並希將革命軍人證明書轉其家屬為盼
此致
敬禮
中國人民志願軍

夢，入土吧

這些夢
太舊、太醜、太複雜
佛洛依德也不能解析
只剩極少數人
當成美夢
讓記憶不褪色
太傷了
讓惡夢，入土吧
入土為安

影子，太苦

有些影子是苦的
苦成灰色
太灰，或太黑
所以這影子要移除
才能甩開糾纏
爭取陽光空氣水
才是生存發展之道
擺脫影子
未來光明

糾纏的黑影

這些黑影立在這裡
不走了
等待成桑田
在未成桑田之前
它糾纏每一個人
讓人找不到
回家的路
無論你走到那裡
擺脫不掉它的尾隨

鏡花水月的影子

這影子站立在鏡花前
說要主持正義
鬼才相信
相信的只有水月
至於老夫我
有詩人特質
看穿一切事務背後的真相
不論站多久
只是無名的影子

夢幻的影子

這影子也是不存在的
當然，它就是影子
時光是一把快劍
能殺一切
包含夢幻的影子
殺存在與不存在的
最後時光也是
夢幻如影
應作如是觀

歷史，也是夢幻的影子

從台灣步兵第一聯隊
到中正紀念堂
這是歷史嗎？
非也，歷史
誰說才算數
以詩人說為準
歷史，是夢幻的影子
我老校長正在做
一段美美的夢

有鬼在這裡發電

你相信嗎？
有鬼會發電
大建小粗坑發電廠
因鬼吵死人
這裡的人生氣了
用弓箭殺了很多鬼
此時鬼力強大
人住的村落
被滅了

鬼展覽會

不可否認的，有些鬼
真是鬼才
老夫年輕時也被叫鬼才
話說當年那些鬼很厲害
搞起鬼博覽會
盛況空前
真是鬼騙死人不償命
老夫的鬼才用於寫詩
不害人，不騙人

看！鬼影幢幢

看啊！一看就知道
鬼屋前
鬼影幢幢
不久被歷史出刀
收拾得乾乾淨淨
但不久又來了一批鬼
也是鬼影幢幢
我不解，這人間道上
鬼何其多？

鬼州廳

鬼州廳是幹什麼的？
身為詩人的我
太清楚了
天下的騙子都騙不了詩人
詩人的真性情
專門制鬼
告訴大家鬼州廳的鳥事
不外鬼話連篇
鬼鬼祟祟

鬼軍隊

千萬別小看這些鬼
牠們的鬼蜮技倆
說了嚇死人
積極建軍
先佔領台灣、朝鮮和南洋
再滅中國，統一亞洲
控制地球的轉速
鬼軍隊現在又壯大了
現在得用核武滅鬼

滄海桑田

不久前從大海中浮出
我自高遠處觀其成長
幾回成桑田
或沙漠綠洲
我觀自在
寄蜉蝣於滄海
才一夜之夢
水泥叢林已然長成

這裡有佛

想當年，這裡住著佛
但東洋鬼子
不知道搞什麼鬼
和尚竟能娶妻生子
喝酒吃肉
這還是佛法嗎？
我佛慈悲
望能管管這些鬼
早成正道佛法

1936年、台北
東本願寺

這是那裡？

這是那裡？
左思右想，它們早已不存在
我還是寫詩
寫些不存在的
才務實
提起詩筆，我穿透時空
詩行行腳八千里
縱橫三千年
管他這是那裡！

賓館

在賓館裡能幹什麼好事
不外是鬼鬼祟祟
加偷偷摸摸
這是牛頓第四定律
趕走外來東洋鬼
現在出現本土鬼
賓館多了一件鳥事
賣台

黑鴉鴉的瞬間

這黑鴉鴉的瞬間
歷史被捕捉
光陰被留下
全都囚禁在我詩的王國
我典藏妳
讓我的詩包養
絕不虧待
只有叫妳住金屋
享詩國之榮華富貴

街上有鬼

人間道上
有鬼
鬼影對人冷笑
路人的臉僵硬
大家怕鬼
無力滅鬼
夜晚有鬼宣言說
這彈丸之地
現在由鬼統治

苦難

人間苦難何其多
苦難從何來？
七成統治者製造
三成自己釀造
但有天生命苦
苦難，從天上掉下來
有可脫苦脫難之道
找到佛

這是偉大的事業

我知足常樂
唯一的產業
就是這頭公豬
我樂於牽豬哥
這是我偉大的事業
一者維持豬族繁榮綿衍
再者供應全人類肉食
我與豬同樂
共享人生的美好

袁世凱

你真是老蓄癲了
中華民國還是個嬰兒
就被你篡了
稱孤道寡多寂寞
也不來問問老夫
寡人定勸你當詩人
詩，無所不能、詩萬能
能稱孤道寡不寂寞
當國王、皇帝全都可以

袁世凯改国号为“中华帝国”

阿里山神木，一九五一

在此禪坐千年
撐起藍天大地
史記都在年輪裡
傳唱自己的春秋大業

神，能與日月同光
無常海洋中展演神采
從未想過，如神之木
神木也會倒下

輯　七：河山多嬌媚

江山如畫畫如夢
山高，用來頂住天
水闊，好生養子民
山水常有風雨
也是一種風景
神州多嬌媚

神仙姊姊
妳一下凡就青春永駐
把千年雲煙
散發在洱海
以絕美的姿勢宣言
不回天庭
從此，永住神州
並代言
中國美女

海上長城（一）

長城在海上飄渺
伸向蔚藍海天深處
海浪和巨風
狂舞藍色的火焰
仍頂天立海
像一條巨龍的宣言
巨龍出海
騰飛地球一圈

杭州跨海大桥

海上長城（二）

龍族崛起
繞地球一圈，向全球宣言
中國人的長城無所不在
大地、海洋、天空
有形的、無形的
長城
讓全人類感受
中國的長城
亦是全人類的長城

杭州跨海大橋

大理古城

兩個老友住大理
段譽和段王爺
訪友一別
行腳到古城南門
欲歸去
有些眷戀
時間之河的水聲花啦
驚鴻一瞥
雙目跌進了落日裡

張家界黃龍洞

龍族的品種也多
這裡是黃龍洞
當然就是龍族中的黃膚色龍
在這地底宮殿
修養生息
或編織龍族美夢
現在龍族崛起
敢做大夢
不信可入內見證

峨眉山

佛道各大門派
都在山中修行
松濤群山都清淨
我猛然醒來
領悟出
應以何種姿勢
站立
才像一座山

神仙住在張家界

這裡是神仙住的地方
不同於人住的地球
滙漉漉的雲
叫星星躲起來
迷茫飄渺間
現一方淨土
夢峰的姿勢
都是異星體上的神仙

羊卓雍措湖

天上掉下的碧玉
羊湖乃天鵝之湖
我在湖上作畫
神聖藍光震撼我
仙界山水
深度夢幻
忍不住要將這
西藏仙境
化成一個夢

羊卓雍措湖

佛光山

一進山門
以為到了西方極樂世界
花草樹木土石在無情說法
蟲魚鳥獸專心聞法聽經
開示眾生佛性
我來此學佛
沿路均見有佛
向人拈花微笑

秦俑（一）

未見秦俑
只見兵馬
澎湃，人潮
兵馬，萬乘
夜的聲音
蹄大蹄大……
兵馬夜行軍
由遠而近

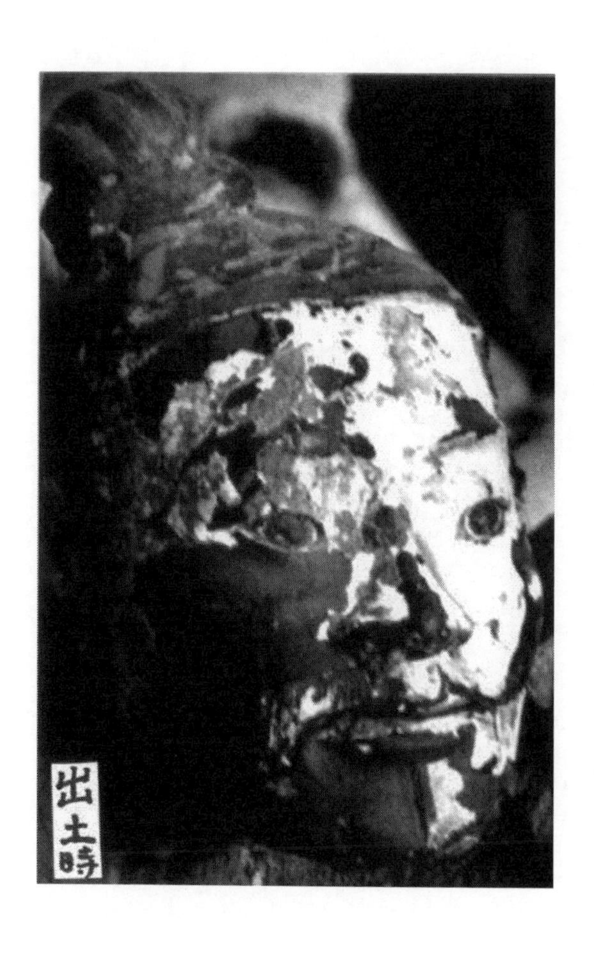

秦俑（二）

我在陵前
仰望
你大一統之國度
又已崛起
八方風雨
兵馬壯盛
從神州大地
跨向國際

壯族鼓樓

鼓舞壯族
成為一座山的樣子
古典與震撼
都是一種成長
壯遊於歷史
鼓住於樓中典藏傳奇
轟天之聲
把光陰穿透
把自己壯大

納木錯湖

妳住在四千七百公尺海拔上
只算西藏第二大
不怕冷
光陰變遷留有三層身腰
妳太美了
美得太不像話
人間沒有
天上唯一
宇宙之美，妳代言

壯族古文字（一）

祖靈仍在此幽居
把這些先祖的發明
再守護千年
與日月同光
望著星星的光輝織夢
我張開天眼閱讀
不能讀
以心傳心
我了然於心

壯族古文字（二）

是誰留下的圖錄？
定是民族天命
我夜訪祖靈
似乎就要揭開
一部壯族在神州大地
演化的古代史
古老歌謠和秘密
眼前重現，我的閱讀
不由文字

夢之畔

這夢之畔啊
在哪裡？
一直在我心空裡飄
或漂
叫她過來她不來
我只好走向她
一親芳澤
與她相守
在夢之畔

與夢相守

我找到夢中的神山
一親芳澤
懷裡的溫柔
餘煙裊裊
有夢如山
讓我不安份
我願留在山腳下
修行
或相守

安徽齊雲山

眾仙的家園
幽麗奇險
棲霞真人已修行千年
真武大帝顯化了
我跋涉千里外
到此求道
我的道
以詩修行
不求成為真人
願成詩人

安徽天柱山

這一柱擎天
江淮第一山
天若無你已垮
天柱山
非浪得虛名
其實我們是同類
我這個人正派
能頂住天的大丈夫

伊　河

在黃河南岸遊走
蜿蜒在熊和牛之間
承擔洛陽的媽媽
好幸福的洛陽
偉大的伊河
千百年來
有多少個皇帝
飲汝水長大

羊湖深得我心

雪山抱著羊卓雍錯湖
心境清澈
眼色湛藍
與我同在，深得我心
我悠游羊湖
享受她的
靈秀脫俗
我們同族一家人

青海源

青海青，黃河黃
更有濤濤金沙江
都是祖宗顯靈
親人呼喚，看啊
雪皓皓，山蒼蒼
祈連山下好牧羊
油菜花構成一座
路上太平洋

夢中的羊湖故鄉

羊卓雍錯湖萬年不老
有群山以雪水供養
我能供養什麼？
我來朝湖
以詩供養
我頓悟
天鵝之湖
是我詩夢之故鄉

我被湖的神彩嚇到

此湖只有天上有
暫時下凡
住西藏仙境
我來朝湖
住「神湖納木措」客棧
日夜有神彩
驚奇的淨純
嚇到人
驚嚇我，以為到了極樂世界

然烏湖畔

山羊奶一樣的湖
是攝影家找到的天堂
神山聖湖秘境
黃昏看
雅魯藏布江日落
夜宿珠穆朗瑪峰
淨純星空在眼前
湖畔散步頓覺
自己不是人
是神仙

然烏湖之冬

山羊奶一樣的湖
奶樣之冬
天地全部留白
留白，叫人淨心
然後是空
望出一縷白
是然烏湖之心
欲將一切塗成白

然烏湖秋色

然烏湖裡有詩散發
四周有詩散溢
這裡最適合詩人來
遍地空氣有詩香
詩人一到
就有詩來找你
你不必苦思詩
賞湖一刻詩百篇
秋色，即是詩

夢遊然烏湖

誰知天堂景象怎樣？
來看然烏湖
不可說，不思議
四季風有甜味
秘境純淨
引人靈魂出走
穿過山川越過河流
曠野仙花向你招手
你迷惑在夢中
夢遊

情人，然烏湖

然烏湖
正是我想要的那種女人
好想和她談戀愛
我慢慢接近她
很有感覺
未經她許可
我暗中叫她一聲情人
和她相守一輩子
我來了
就不想走

天路

通天真有路
正是這條
青藏鐵路
巴桑的歌聲穿透
天路
真通藏人心中
通神州
有此一路
通天通神通民心

董家大院

古樸壯觀
把光陰濃縮
濃縮深厚的文化底蘊
馱著月光
頂起一個家族的天空
族人四散
仍為神州子民
吸引人潮
創造錢潮

北京故宮

宮中欠缺很多
國之重寶
流落何方？
得趕快找回來
總不能叫故宮
一直空
要空到何時？
天命
絕不成空

百龍天梯

你說這是巨龍盤山
還是神山藏龍
難說！難說！
不思議
這種事為什麼以前沒有？
神啊！
真的是龍醒了
人也醒了！

張家界

這是在那個星球？
乘何種交通工具？
只有愛因斯坦時光機能到
而我，乘詩
瞬間就到
比時光機更快
不必門票
只要有詩

武陵源索道

大峽谷玻璃橋奪人魂
天門山玻璃棧道人失靈
阿凡達到此取經
有誰膽大包天
就來！
還有索溪谷、天子山、楊家界
我的詩無所不能
詩不怕死
我來！

鳳凰古城

湖之南有土家族
鳳凰在清晨薄霧中
走伸展台
黃昏時飛過湘西丘陵
停在山頂
每一座山頭都鍍了金
為聽沈從文
說書談詩

南詔崇聖寺三塔

古有南詔大理佛國
塔寺在此駐錫千年
徐霞客遊記說
這是一方淨土
我只是來看老友
段譽和段王爺
他們入山採藥
我邀聖寺三塔入我詩
以詩供養百年

看竹寫詩

我看竹寫詩
詩行如竹修長
意象如葉
勿過繁雜
整體而言如我
極簡生活
不應酬、言語少、字不多
竹影空疏
好畫亦是好詩

杜文秀元帥府

總統兵馬大元帥
到底是造反
還是革命？
反正都有理
古蹟不管是非對錯
夠老，就值錢
只要亮出杜文秀
便是人潮加錢潮

綠竹

綠色
是一種生命力
盛滿四季的光彩
有了綠竹
生命有甜蜜的夢境
鳥兒來了
學到一支新歌
我來了
詩行壯闊成綠林

蘭

有一種誘人的體香
在光陰裡
不停流轉
因緣具足
妳對我產生致命吸引力
我們有一段戀情
阿蘭，多年來
妳的一縷體香
是我不忘的記憶

富貴白頭

人人都想要富貴
且　白頭到老
想瘋了
春花便朵朵開
紅花綠葉
到老徘徊
其實心中有花
能快樂到白頭

地獄開花

花園、荒野、天堂
到處有花
沙漠、冰山
也會有花
你知道嗎？
只要你願意
在地獄
也可以開出美美的花

君子

你是迎風頂立的君子
與其他貴客不同
在風雨中飄搖
皆不為所動
你用一種軟實力
那是詩的力量
戰勝風雨
展現無畏的情操
才廣受尊重

我的花園

我心胸寬大
裝得下一座花園
沿著園中鳥聲
聞天籟
我的花園有多大
紅花綠葉果實
開滿全天下
你說多大？

竹，是好人

我是一個好人
只要有我在
必是成就好事
竹林七賢、竹報平安
青梅竹馬、竹頭木屑
竹籬茅舍……
我感嘆
這世界壞人太多
像我這種好人太少

竹林印象

童年在竹林遊戲
竹林是我的異世界
已遺忘在遠方
只記得
阿花的傻笑
人老了
有些光陰會再醒來
炊煙也醒了
飄向我心頭
遠山煙竹如夢
清醒

陳福成著作全編總目

壹、兩岸關係

①決戰閏八月
②防衛大台灣
③解開兩岸十大弔詭
④大陸政策與兩岸關係

貳、國家安全

⑤國家安全與情治機關的弔詭
⑥國家安全與戰略關係
⑦國家安全論壇。

參、中國學四部曲

⑧中國歷代戰爭新詮
⑨中國近代黨派發展研究新詮
⑩中國政治思想新詮
⑪中國四大兵法家新詮：孫子、吳起、孫臏、孔明

肆、歷史、人類、文化、宗教、會黨

⑫神劍與屠刀
⑬中國神譜
⑭天帝教的中華文化意涵
⑮奴婢妾匪到革命家之路：復興廣播電台謝雪紅訪講錄
⑯洪門、青幫與哥老會研究

伍、詩〈現代詩、傳統詩〉、文學

⑰幻夢花開一江山
⑱赤縣行腳・神州心旅
⑲「外公」與「外婆」的詩
⑳尋找一座山
㉑春秋記實
㉒性情世界
㉓春秋詩選
㉔八方風雲性情世界
㉕古晟的誕生
㉖把腳印典藏在雲端
㉗從魯迅文學醫人魂救國魂說起
㉘六十後詩雜記詩集

陸、現代詩（詩人、詩社）研究

㉙三月詩會研究
㉚我們的春秋大業：三月詩會二十年別集
㉛中國當代平民詩人王學忠
㉜讀詩稗記
㉝嚴謹與浪漫之間
㉞一信詩學研究：解剖一隻九頭詩鵠
㉟囚徒
㊱胡爾泰現代詩臆說
㊲王學忠籲天詩錄

柒、春秋典型人物研究、遊記

㊳山西芮城劉焦智「鳳梅人」報研究

㊴在「鳳梅人」小橋上
㊵我所知道的孫大公
㊶為中華民族的生存發展進百書疏
㊷金秋六人行
㊸漸凍勇士陳宏

捌、小說、翻譯小說

㊹迷情・奇謀・輪迴、
㊺愛倫坡恐怖推理小說

玖、散文、論文、雜記、詩遊記、人生小品

㊻一個軍校生的台大閒情
㊼古道・秋風・瘦筆
㊽頓悟學習
㊾春秋正義
㊿公主與王子的夢幻、
(51)洄游的鮭魚
(52)男人和女人的情話真話
(53)台灣邊陲之美
(54)最自在的彩霞
(55)梁又平事件後

拾、回憶錄體

(56)五十不惑
(57)我的革命檔案
(58)台大教官興衰錄
(59)迷航記、
(60)最後一代書寫的身影
(61)我這輩子幹了什麼好事
(62)那些年我們是這樣寫情書的
(63)那些年我們是這樣談戀愛的
(64)台灣大學退休人員聯誼會第九屆
理事長記實

拾壹、兵學、戰爭

(65)孫子實戰經驗研究
(66)第四波戰爭開山鼻祖賓拉登

拾貳、政治研究

(67)政治學方法論概說
(68)西洋政治思想史概述
(69)中國全民民主統一會北京行
(70)尋找理想國：中國式民主政治研究要綱

拾參、中國命運、喚醒國魂

(71)大浩劫後：日本311天譴說
日本問題的終極處理
(72)台大逸仙學會

拾肆、地方誌、地區研究

(73)台北公館台大地區考古・導覽
(74)台中開發史
(75)台北的前世今生
(76)台北公館地區開發史

拾伍、其他

(77)英文單字研究
(78)與君賞玩天地寬（文友評論）
(79)非常傳銷學
(80)新領導與管理實務

拾陸：2015 年 9 月後新著

編號	書　　　　名	出版社	出版時間	定價	字數（萬）	內容性質
81	一隻菜鳥的學佛初認識	文史哲	2015.09	460	12	學佛心得
82	海青青的天空	文史哲	2015.09	250	6	現代詩評
83	為播詩種與莊雲惠詩作初探	文史哲	2015.11	280	5	童詩、現代詩評
84	世界洪門歷史文化協會論壇	文史哲	2016.01	280	6	洪門活動紀錄
85	三黨搞統一：解剖共產黨、國民黨、民進黨怎樣搞統一	文史哲	2016.03	420	13	政治、統一
86	緣來艱辛非尋常：賞讀范揚松仿古體詩稿	文史哲	2016.04	400	9	詩、文學
87	大兵法家范蠡研究－商聖財神陶朱公傳奇	文史哲	2016.06	280	8	范蠡研究
88	典藏斷滅的文明：最後一代書寫身影的告別紀念	文史哲	2016.08	450	8	各種手稿
89	葉莎現代詩研究欣賞：靈山一朵花的美感	文史哲	2016.08	220	6	現代詩評
90	臺灣大學退休人員聯誼會第十屆理事長實記暨2015～2016 重要事件簿	文史哲	2017.04	400	8	日記
91	我與當代中國大學圖書館的因緣	文史哲	2017.04	300	5	紀念狀
92	廣西旅遊參訪紀行（編著）	文史哲	2017.10	300	6	詩、遊記
93	中國鄉土詩人金土作品研究	文史哲	2017.12	420	11	文學研究
94	暇豫翻翻《揚子江》詩刊：蟾蜍山麓讀書瑣記	文史哲	2018.02	320	7	文學研究
95	我讀上海《海上詩刊》：中國歷史園林豫園詩話瑣記	文史哲	2018.03	320	6	文學研究
96	范蠡致富研究與學習：商聖財神之實務與操作	文史哲	2018.06	280	8	文學研究
97	鄭雅文現代詩的佛法衍繹	文史哲	2018.08	240	6	文學研究
98	林錫嘉現代詩賞析	文史哲	2018.08	420	10	文學研究
99	現代田園詩人許其正作品研析	文史哲	2018.08	520	12	文學研究
100	陳寧貴現代詩研究：全才詩人的詩情遊蹤	文史哲	2018.08	380	9	文學研究
101	莫渝現代詩賞析	文史哲	2018.08	300	7	文學研究
102	曾美霞現代詩研析	文史哲	2018.08	360	7	文學研究
103	劉正偉現代詩賞析：情詩王子的愛戀世界	文史哲	2018.08	400	9	文學研究
104	陳福成作品述評（編著）	文史哲	2018.08	420	9	文學研究
105	舉起文化出版的火把：彭正雄文史哲出版交流一甲子	文史哲	2018.08	480	9	文學研究

國防通識課程及其它著編作品

（各級學校教科書）

編號	書　　　　名	出版社	教育部審定
1	國家安全概論（大學院校用）	幼　獅	民國 86 年
2	國家安全概述（高中職、專科用）	幼　獅	民國 86 年
3	國家安全概論（台灣大學專用書）	台　大	（臺大不送審）
4	軍事研究（大專院校用）	全　華	民國 95 年
5	國防通識（第一冊、高中學生用）	龍　騰	民國 94 年課程要綱
6	國防通識（第二冊、高中學生用）	龍　騰	同
7	國防通識（第三冊、高中學生用）	龍　騰	同
8	國防通識（第四冊、高中學生用）	龍　騰	同
9	國防通識（第一冊、教師專用）	龍　騰	同
10	國防通識（第二冊、教師專用）	龍　騰	同
11	國防通識（第三冊、教師專用）	龍　騰	同
12	國防通識（第四冊、教師專用）	龍　騰	同
13	臺灣大學退休人員聯誼會會務通訊	文史哲	
14	把腳印典藏在雲端：三月詩會詩人手稿詩	文史哲	
15	留住末代書寫的身影：三月詩會詩人往來書簡殘存集	文史哲	
16	三世因緣：書畫芳香幾世情	文史哲	

注：以上除編號 4，餘均非賣品，編號 4 至 12 均合著。

編號 13 定價一千元。